Baseado em Afetos Reais

baseado em afetos reais

Baseado em Afetos Reais

Baseado em Afetos Reais

Copyright © 2020 de Daniele Fumachi

Daniele Fumachi – Vol 1 – Publicação Independente – 2021.

Baseado em Afetos Reais

Baseado em Afetos Reais

DEDICATÓRIA

Dedico esta obra a todos aqueles que de alguma forma me incentivaram a não escrever, cá estamos...

Baseado em Afetos Reais

Baseado em Afetos Reais

AGRADECIMENTOS

Agradeço aos meus pais, por terem me ensinado sobre a gentileza e o amor.

Agradeço aos meus irmãos por me ensinarem sobre a partilha.

A Andreia Correia por ser meu pilar de sustentação mesmo quando eu não merecia.

Minha eterna gratidão à Aline Casassa, minha rosa, que me salvou de viver uma vida infeliz.

Baseado em Afetos Reais

Baseado em Afetos Reais

Sumário

INTRODUÇÃO 15

CAPÍTULO I 19

CAPITULO II 53

CAPÍTULO III 86

CAPÍTULO IV 97

Baseado em Afetos Reais

Baseado em Afetos Reais

Os finais são incríveis oportunidades que temos para recomeçar.

A partir dos meus finais, escrevo meus recomeços.

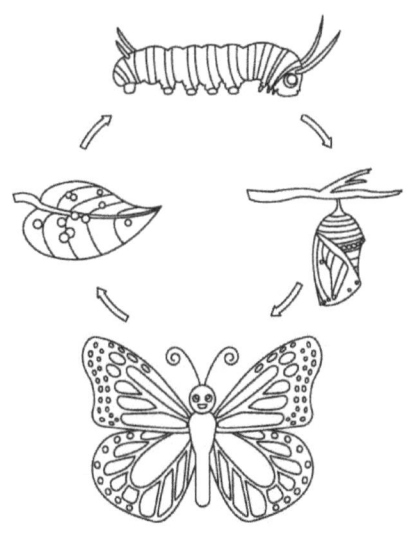

Baseado em Afetos Reais

Baseado em Afetos Reais

Um ano depois...

Baseado em Afetos Reais

Baseado em Afetos Reais

Eu aprendi algumas coisas com o passar das dores, reescrevo aqui essa história com esses aprendizados.

Baseado em Afetos Reais

Baseado em Afetos Reais

INTRODUÇÃO

Sempre acreditei que todas as pessoas, independente de quem fosse, teria uma boa história para contar. A maneira pouco importa, o importante é que se tenha coragem para expor suas experiências com fidelidade aos fatos.

Por alguns minutos de loucura essa coragem aflorou em mim, fui motivada por algo muito mais forte que eu e minhas humanas e insensatas vontades.

Agora estou aqui, entregando em algumas folhas em branco, fatos que até então, só ocorreram dentro de mim e eram apenas de meu conhecimento.

Eu teria mil maneiras de como iniciar a minha história, mas não consigo me decidir sobre qual início escolher.

Aqui já entrego o primeiro fato sobre mim: sou indecisa.

As indecisões são como uma encruzilhada, um impasse, é não saber para

Baseado em Afetos Reais

qual lado ir. É uma maneira de o nosso cérebro admitir que está com medo de falhar com as nossas escolhas.

Posso começar com o famoso "Era uma vez", mas sempre achei brega esses inícios e pior ainda, esses finais previsíveis de contos de fadas. Meu desamor provém de toda ilusão gerada com essas histórias.

Eu poderia contar as coisas que estão acontecendo no mundo atualmente, mas é tanta bobagem que nem vale a pena mencionar.

Bom, eu não posso me delongar muito, então começo dizendo que essa é uma história diferente de todas as que você já leu ou ouviu, pelo menos nesse ano... Não dá para garantir com cem por cento de convicção.

É uma responsabilidade e tanto para mim, então me desejem sorte.

Em algum momento da minha vida, meus afetos se desorganizaram, considerando que minhas decisões me trouxeram até esse exato ponto da minha vida, escrevo sobre meu

Baseado em Afetos Reais

passado na intenção de tentar acertar no presente e levar essas lições para o futuro.

E quem melhor para nos guiar do que nossas relações?

Pois é exatamente delas que vamos conversar no decorrer deste livro.

Baseado em Afetos Reais

Baseado em Afetos Reais

CAPÍTULO I

"Quem te perdeu, talvez nunca admita, mas sabe sim o seu valor e falta que você faz."

Baseado em Afetos Reais

Baseado em Afetos Reais

RELACIONAMENTO:

substantivo masculino
1.Ato ou efeito de relacionar (-se).
2.Capacidade de manter relacionamentos, de conviver bem com seus semelhantes.

Para falarmos de relacionamentos obrigatoriamente é preciso entender que o Ser Humano se desenvolve e evolui de acordo com as relações que estabelece com o mundo, com o ambiente, com os outros e – principalmente – com a relação que estabelece consigo mesmo.

É essa relação que vai fazer a gente compreender que esse primeiro objeto de amor, para que qualquer relacionamento possa dar certo, PRECISA ser o seu amor com você mesmo. Esse é aquele que faz total diferença na hora de compartilharmos parte de nós e do que podemos oferecer, sentimentalmente falando, ao outro, afinal é impossível dar aquilo que não se tem.

23

Baseado em Afetos Reais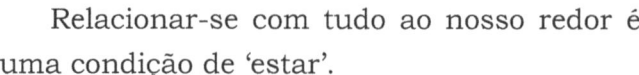

Relacionar-se com tudo ao nosso redor é uma condição de 'estar'.

Qual a diferença entre eu sou e eu estou?

Quando usamos o verbo "ser", definimos uma condição de vida que é independe de nossa vontade.

Sou do planeta Terra: é uma condição imutável.

Estou no Brasil: é uma condição transitória.

Todos os dias, a todo o momento estamos nos relacionando, e esses relacionamentos mudam, esses relacionamentos não determinam um estado definitivo em nossas vidas, felizmente.

Estar é passageiro.

Seja com as pessoas ao nosso redor, com as plantas, os animais, nos relacionamos o tempo todo, com nós mesmos, nossos pensamentos e escolhas, que vêm e que vão e que são totalmente diferentes uns dos outros.

Baseado em Afetos Reais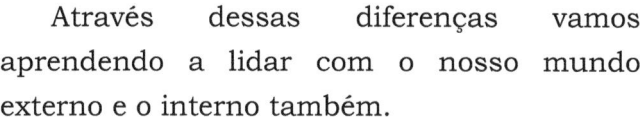

Através dessas diferenças vamos aprendendo a lidar com o nosso mundo externo e o interno também.

O problema é quando afloramos dentro de nós o desejo de querer controlar e de transformar os sentimentos gerados por determinada pessoa nas nossas relações.

O amor não é um relacionamento.

Segundo Osho, a entrega ao amor significa: curtir a felicidade do outro, compartilhar sentimentos recíprocos, regozijar-se do ser do outro, estar sintonizados um com o outro, dançar em harmonia, mas sempre mantendo o espaço e individualidade de cada um.

Não é fácil se relacionar com outra pessoa cujo estilo de vida é diferente, cujos gostos são diferentes, cuja educação e cultura são diferentes e até mesmo uma biologia diferente, não há como alterar isso, o outro já chega com a sua mochila de uma vida inteira.

Não podemos destruir a individualidade do outro, mas esse é um dos erros que mais cometemos nos nossos relacionamentos.

Baseado em Afetos Reais

Bom, isso é o que eu sei hoje, mas não era o que eu sabia, portanto, os problemas chegaram para mim também.

Claro que não diferente das outras pessoas, eu só aprendi as lições que a vida queria me dar depois de muito tempo fazendo escolhas erradas.

Quando eu digo muito tempo é muito tempo mesmo, tipo a minha vida inteira, meus 27 anos vividos até agora.

Desde criança já fazia minhas péssimas escolhas, inconscientemente (pelo menos era o que eu achava) eu cometia meus erros, mas por ser apenas uma criança eles se tornavam irrelevantes.

Os adultos costumam relevar os erros das crianças, talvez por costume ou porque acham que elas não sabem muito sobre as consequências de seus atos, ou arrisco a dizer que relevam apenas por falta de tempo, paciência e maturidade para explicar e corrigir tudo o que tem por trás das nossas péssimas escolhas.

Baseado em Afetos Reais

Eu cresci, mas o hábito das péssimas escolhas ainda permanecia implantado em mim e comecei a tomar péssimas decisões baseado nas vivencias de um adolescente problemático.

Em curto período de tempo eu vivi experiências que me permitiram provar um pouco de tudo o que a vida pode oferecer, não digo que foi a melhor coisa que me aconteceu, mas serviu para que eu pudesse escolher o que era certo e o que era errado.

Baseado em Afetos Reais

Sofri algumas perdas de entes muito queridos, pessoas a quem eu era muito ligada.

Nesse meio tempo pude aprender uma coisa extremamente importante sobre mim: tinha uma grande tendência à fuga da realidade.

Sentia saudade das pessoas que haviam partido e fugia para não encarar a dor e meus monstros, o que eu não entendia é que não importava para onde e nem por quanto tempo eu fosse, sempre que caísse em mim mesma, meus problemas estavam lá me esperando, piores do que eu os tinha deixado.

A **fuga da realidade** é um mecanismo que muitos costumam usar quando não se sentem fortes o suficiente para enfrentar determinada situação, que pode ser, por exemplo, a perda de um ente querido, uma demissão, traição, insatisfação com algo ou o fim de um relacionamento.

A saudade era uma forma de amar pessoas que estavam onde eu não poderia chegar, com o conhecimento que eu tinha naquela época era só o que eu sabia sobre a

Baseado em Afetos Reais

morte, as pessoas deixam de existir na matéria, mas não sabia para onde realmente iriam.

Durante o meu curto tempo de experiência em relacionamentos vivi momentos que aos olhos das pessoas de fora pareciam coisas comuns de se viver, mas internamente, aquilo era totalmente diferente.

Os sentimentos nunca podem ser sentidos da mesma forma por pessoas diferentes, é praticamente impossível de tão individual que é e isso faz com que sejamos frequentemente julgados, apontados pela forma que sentimentos e reagimos aos sentimentos dos outros.

"Se fosse comigo eu faria isso, se fosse comigo eu agiria de tal maneira..."

As pessoas que nos cercam geralmente acham que sabem exatamente tudo o que acontece, a maneira como acontece e isso faz com elas achem que são especialistas em definir as vivências alheias, e pior, se acham no direito de comentar e dar sua indesejada opinião sobre isso.

Baseado em Afetos Reais

Opiniões: são visões carregadas de história pessoal. O que nos destrói é que elas têm total poder sobre nós quando damos permissão.

Opiniões são intimas de cada um, não passando na verdade de uma confissão a respeito do caráter de si mesmo.

Ao passar do tempo fui percebendo o quanto as pessoas achavam coisas sobre mim, ou melhor, as pessoas acham tudo sobre todos, menos sobre si mesmas.

Quantos ACHISMOS.

Tantas pessoas achando coisas e poucas pessoas realmente sabendo.

As ideias que as pessoas têm sobre nós são todas emprestadas de outras pessoas que não fazem a mínima ideia de quem elas próprias são.

Eu não tinha a obrigação de levar nada disso em consideração, seria burra se levasse para dentro de mim o lixo que os outros queriam depositar.

Baseado em Afetos Reais

Somos metralhados por informações o tempo inteiro. Dentro da nossa percepção do que é certo e o que é errado acabamos muitas vezes não compreendendo a realidade e as experiências alheias, mas isso nem cabe a nós.

A única realidade que somos realmente capazes de compreender é a nossa. É a única que existe cem por cento, é aquela gerada a partir da nossa percepção individual que advém de tudo o que já vivemos.

A mente humana é limitada e poluidora. Pensando em toda essa limitação mental e emocional acabamos fazendo muitos julgamentos todos os dias. Involuntariamente estamos julgando aquilo que não conhecemos e não somos capazes de compreender, isso tudo gera uma grande onda de pré-julgamentos e preconceitos.

O ser humano tem o hábito sujo de julgar, de falar, de achar, são incontáveis falsos julgamentos sobre tudo o que foge dos padrões definidos pela atual sociedade hipócrita e pobre de espírito em que estamos.

Baseado em Afetos Reais

Quantos deuses disfarçados de pessoas existem né? Basta andar pelas ruas e você encontra vários deles.

Basta frequentar as igrejas que lá estão em grande quantidade. Nos clubes, nos bancos, enfim, em todos os lugares existem deuses julgadores da raça humana.

Religião, cor, raça e sexualidade estão na lista favorita dos achismos e julgamentos.

Falando em sexualidade...

Baseado em Afetos Reais

SEXUALIDADE: é através desse assunto que revelo mais um fato sobre mim aqui.

Eu nunca aceitei uma regra para me relacionar com qualquer pessoa que fosse. Rótulo é uma infeliz invenção do ser humano. Tudo o que nos divide e nos classifica de certa forma nos afasta do nosso propósito sem que percebamos isso. São esses rótulos que nos dividem na sociedade.

Nossa vivência se dá na condição de sermos livres, expressivos sobre quem somos e o que queremos vivenciar nessa vida, dentre tudo isso, passamos a maior parte do nosso tempo cometendo erros.

Os erros trazem consequentemente experiências que podem se repetir milhares de vezes e que quando aprendidas nos remetem aos acertos.

Minhas decisões nem sempre eram as corretas, eu errei muito, e as vezes não foi nem tentando acertar, foi querendo errar, pra saber como era, pra entender o que queria de mim mesma, descobrir quem de fato eu era e de que forma seria confortável para mim estar nesse mundo. E os fatos foram sucedendo e

Baseado em Afetos Reais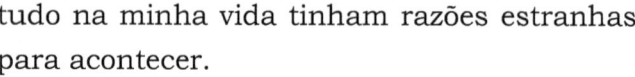

tudo na minha vida tinham razões estranhas para acontecer.

Essa era a minha justificativa para não dizer que eu nunca me olhei com calma o suficiente pra entender o que acontecia dentro de mim.

Minha opção sexual era livre, eu era livre, não gostava de gêneros e sim de pessoas, não queria esse tipo de amarras, odiava definições, padrões e não tinha o que discutir porque era a minha verdade individual.

O que mais me ligava afetivamente á qualquer pessoa não era visível aos olhos físicos e eu agradeço por ser dessa maneira.

Baseado em Afetos Reais

Sempre encontrei nas flores o conforto que traduziam minhas relações, isso facilitou para que eu entendesse coisas que aconteciam, mesmo que elas demorassem a fazer algum sentido no meu cérebro não tão ágil na maior parte do tempo.

Trazendo isso para o livro, levando em consideração o fato de que sempre imaginei meu coração como um jardim e meus relacionamentos como as plantas que nele eu regava, meus afetos vão ser descritos em nome de flores.

Sem contar que as flores são símbolos antigos e universais e refletem tudo o que é ligado à beleza em sua mais verdadeira forma, assim como o amor, além de belo não existe nada mais artístico do que amar verdadeiramente as pessoas, afirmava Vincent Van Gogh, é puramente arte e eu nunca ousaria discordar.

Tive trabalho, mas fiz o meu melhor tentando separar meus afetos reais das ervas daninhas que às vezes insistiam em nascer. Enquanto ainda são pequenos brotos podem

Baseado em Afetos Reais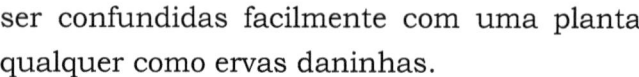

ser confundidas facilmente com uma planta qualquer como ervas daninhas.

Só descobrirmos e conseguimos classificar quando convivemos com cada uma e observamos os frutos e flores que vão dar depois de regadas.

Essa metáfora eu levo para minha vida, já que em muitas vezes fui tapeada e acabei regando ervas daninhas e venenosas que só soube quem eram de verdade tarde demais, quando já estavam enraizadas em meu solo e me custou tempo e dor para retirá-las.

É claro não vou me esquivar do fato de já ter sido a erva daninha no jardim de outras pessoas causando mal a elas também.

Somos jardineiros de sentimentos e relações, feliz e infelizmente estamos vulneráveis e suscetíveis á fazer sofrer aqueles nos cercam e de sermos machucados por eles.

Nossas atitudes e as dos demais ressoam não somente na nossa caminhada, mas na daqueles que estão ao nosso redor também.

Baseado em Afetos Reais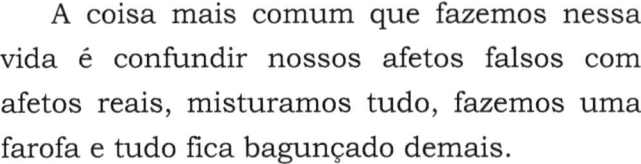

A coisa mais comum que fazemos nessa vida é confundir nossos afetos falsos com afetos reais, misturamos tudo, fazemos uma farofa e tudo fica bagunçado demais.

Imagina-se um grande jardim onde uma plantação de flores chama a atenção porque exuberantemente linda, mas isso só depois de passarem pelo processo até se tornarem flores, enquanto brotos podem ser interpretados de uma maneira boa ou uma maneira ruim, quando enxergadas de maneira negativa e confundidas com ervas daninhas são arrancadas do solo e jogadas de lado secando até morrerem. Isso acontece conosco também.

Às vezes somos rosas, mas não somos olhados com paciência e com a calma que as rosas exigem, feito assim somos arrancados dos jardins alheios brutalmente, e pode acontecer ao contrário, muitas vezes nossas experiências amargas nos tornam brotos de ervas daninhas e não são identificados a tempo de evitar que causem um estrago gigantesco para nós, mas principalmente nos jardins onde fomos amavelmente plantados.

Baseado em Afetos Reais

Por isso temos que ser cautelosos, para não confundirmos ervas daninhas com rosas ou para simplificar, não confundir potes de sorvetes com potes de feijão.

Baseado em Afetos Reais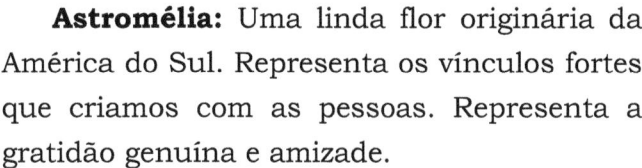

Astromélia: Uma linda flor originária da América do Sul. Representa os vínculos fortes que criamos com as pessoas. Representa a gratidão genuína e amizade.

Astromélia foi meu primeiro relacionamento consideravelmente sério e o mais duradouro.

Como em todo inicio de relacionamento tudo era lindo, tudo era novo, tudo era curioso e romântico.

Nos conhecemos ao acaso, quer dizer, essa era minha teoria até entender que absolutamente nada nessa vida acontece por acaso.

Em algum lugar não tão distante tem alguém mexendo os pauzinhos para que nos tornemos seres humanos melhores e isso tudo através das nossas relações.

Permanecemos juntas por um longo tempo. A pouca idade e a falta de experiência pesava na imaturidade, mesmo assim ela tinha o dom de apenas com um olhar silenciar todo o barulho que tinha dentro de mim, era minha calmaria, mas como tudo

Baseado em Afetos Reais

tem dualidades, ela também era meu tormento.

Tomávamos decisões erradas o tempo inteiro, afinal, como aprender sem cometer erros?

Na falta de muitas coisas que seriam essenciais para nossa boa convivência, tínhamos amor de sobra, mas sabíamos que não era suficiente para manter nossa relação, o amor não pode ser um relacionamento.

Nossas experiências erradas dificultaram a maioria dos entendimentos que precisávamos ter para curar nossas deficiências.

Apesar de dias tortuosos e pesados, Astromélia e eu nunca soltávamos as nossas mãos.

Em alguns momentos as coisas não eram tão fáceis para nós, nos perdemos de nós dentro do nosso próprio mundo e o que tínhamos ali não parecia ser suficiente para ambas as partes, já não havia um caminho de volta e mesmo se houvesse, era claro que não sabíamos como voltar...

Baseado em Afetos Reais

Isso resultou em uma procura absurda por sei lá o que fora da nossa relação.

Chegaram as traições, de ambas as partes...

Chegou o desrespeito, chegou a falta de diálogo, chegaram as dificuldades para ouvir e entender o que estávamos fazendo.

Tudo era intenso, o amor, a desconfiança, a intimidade e as discussões, como tudo o que nos envolvia era intenso e excessivo demais, começamos a nos machucar demais em cada decisão que tomávamos.

Com tantos erros e imaturidade, acabamos rompendo nossa relação, tínhamos pela primeira vez, ido embora uma da outra e aquilo era extremamente doloroso.

Sentia forte em mim que, apesar daquela dor gigante era só uma questão de vários desencontros para que estivéssemos juntas novamente.

A dor e a saudade misturada com uma grande dose de apego dificultaram a distancia entre nós, isso foi motivo de sobra para que reatássemos.

Baseado em Afetos Reais

Você só sabe que realmente ama alguém quando precisa perdoá-la diversas vezes pelos erros cometidos. Nós nos perdoamos diversas vezes. Eu não tinha a intenção de magoá-la, nunca tive, e ela talvez não estivesse tentando me magoar também, mas sabemos como as coisas são né, existem grandes chances das coisas darem erradas no meio do caminho, mais um rompimento para a conta.

Estávamos em um ciclo totalmente dependente e vicioso, queríamos estar juntas, mas a chances de darmos certo como antes eram mínimas.

Eu tinha medo de pedir a Deus para que tirasse da minha vida tudo o que me causava mal naquele momento porque eu sabia exatamente ela que iria sair.

Dentro da relação com Astromélia eu percebi que é grande a dificuldade para pessoas afetivamente envolvidas se tocarem de que estão em um relacionamento abusivo. Abusando ou sendo abusados.

Quando demos outra chance para o amor estar entre nós pela milésima vez e fomos chocadas com tantas mentiras que o amor

Baseado em Afetos Reais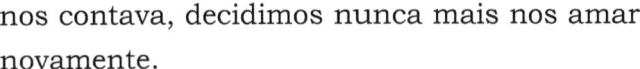

nos contava, decidimos nunca mais nos amar novamente.

Isso era justo conosco e com o amor que tínhamos alimentado até ali.

Tivemos nossos momentos livres para amar, esses momentos eram sensacionais.

Comemoramos vários aniversários, várias viradas de ano. Dividimos conselhos, ela era ótima em aconselhar. Dividimos livros, roupas e a vida. Cuidamos uma da outra, da melhor forma até onde nos foi permitido, prezava pelo seu bem estar, isso era prioridade para mim.

Sempre estávamos nos certificando de que ambas estavam bem e confortável dentro da relação, apesar de todos os importunos que passávamos.

Sofremos perdas irreparáveis até hoje, mas a presença dela e minha tornaram as coisas mais suportáveis.

Viajamos para lugares incríveis e quem seria capaz de dizer que nossa separação definitiva sucederia de uma das viagens que fizemos.

Baseado em Afetos Reais

Passamos um longo período em uma viagem fantástica, mas inconsciente dentro de nós alguma coisa mudava e não fomos capazes de perceber na hora.

Quando voltamos para nossa rotina normal nos demos conta de que ali juntas já não era mais nosso lugar. Não tínhamos mais estruturas emocionais e nem mentais para manter aquele relacionamento vivo.

O rompimento definitivo foi nossa única opção.

Afinal, onde mora o sentido em ficar em um relacionamento onde você mais chora do que sorri?

Conseguimos nos desligar definitivamente.

Atualmente não temos mais contato. Seguimos com nossas vidas e apesar de tudo o que vivemos de ruim, conseguimos manter vivo em nós o mais importante: o carinho e a gratidão.

Aquele relacionamento me fortaleceu e me preparou pra as próximas pessoas que eu viria a encontrar em minha vida, da mesma

Baseado em Afetos Reais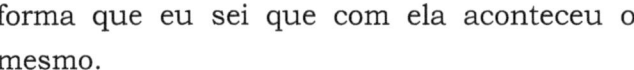

forma que eu sei que com ela aconteceu o mesmo.

Astromélia veio a ser minha viagem, minha transição, mas não era o meu destino final. Ela me ensinou que relacionamentos acabam. A confiança deve ser sempre a base de tudo. As pessoas não são de nossa posse e a lanchonete da esquina tem um suco de açaí com gosto de terra.

Dizem que atraímos para nossa vida aquilo que somos, mas acho que isso não deve ser levado ao pé da letra. Em experiência própria eu digo, muitas vezes atraímos pessoas que precisam desesperadamente de quem nós somos.

Frida Kahlo em sua plenitude dizia: "Onde não puderes amar não te demores". E nós fomos.

Fomos porque já não cabíamos ali, tínhamos sofrido mudanças que eram notáveis por qualquer um.

Não foi um caminho fácil, era dolorido pisar no desconhecido, sem Astromélia com a

Baseado em Afetos Reais

qual eu havia passado quatro anos de minha vida.

Muitas vezes somos obrigados a ir, impulsionados pela dor ou por um sentimento que nos causa movimento, mesmo que seja difícil de notar, são os sentimentos mais pesados que nos motivam a tomar as maiores decisões da nossa vida.

Por que nos limitamos em estar em relacionamentos que não suportam nossa verdadeira dimensão?

Somos grandes demais para lugares de menos. Por que nos redimensionamos para encaixarmos em partes de outras pessoas que não cabe a nos estar?

Querem uma resposta para essas perguntas?

- Eu não sei.

Esses livros de autoajuda dizem que é porque não cultivamos o amor próprio. Aquele sagrado que devemos dedicar a nós em primeiro lugar.

Baseado em Afetos Reais

Questiono-me se isso é uma verdade absoluta, mas certa vez ouvi que não existem verdades absolutas e isso me deixou mais aliviada sobre todas as minhas opiniões.

Já que elas não existem vou registrar aqui minhas teorias para essa questão.

Pode ate ser verdade sim, afinal um amor autossuficiente não permite esse tipo de posição, mas ainda me questiono, será que é só isso mesmo?

É só se amar que todo resto se resolve sozinho?

Eu posso me amar, mas como um ser humano vou me submeter a relacionamentos com outras pessoas totalmente diferentes de mim.

Lembram-se dos afetos que nascem em nossos jardins? As rosas e as ervas daninhas?

Somos submetidos ao engano o tempo inteiro, é nossa condição de vida, fazemos isso involuntariamente porque não conseguimos viver sozinhos.

Baseado em Afetos Reais

Seja com nossa família, amigos, professores, desconhecidos que encontramos em uma fila qualquer, animais e até mesmo as plantas, tudo isso é relação e elas podem dar certo ou podem dar muito errado, não temos a garantia de nada.

Somos moldados através disso. Muitas de nossas relações dão errado, a maioria eu diria, pelo menos é assim que elas são enxergadas de fora, quando estamos no processo da dor, mas na verdade o "errado" era a lição que precisávamos aprender para dar o próximo passo, ir para o próximo nível.

É como conseguir o cogumelo do *Mario Brós*, ganhar um tamanho maior e ir para a próxima fase.

O mau que nos causam hoje ou que causamos a alguém é o aprendizado de amanhã.

Nossa tendência clara é aprender tudo pelo caminho mais difícil, pela dor, mas como dizia Carlos Drummond de Andrade *"A dor é inevitável, o sofrimento é opcional"*.

Baseado em Afetos Reais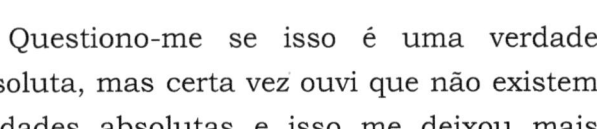

Questiono-me se isso é uma verdade absoluta, mas certa vez ouvi que não existem verdades absolutas e isso me deixou mais aliviada sobre todas as minhas opiniões.

Já que elas não existem vou registrar aqui minhas teorias para essa questão.

Pode ate ser verdade sim, afinal um amor autossuficiente não permite esse tipo de posição, mas ainda me questiono, será que é só isso mesmo?

É só se amar que todo resto se resolve sozinho?

Eu posso me amar, mas como um ser humano vou me submeter a relacionamentos com outras pessoas totalmente diferentes de mim.

Lembram-se dos afetos que nascem em nossos jardins? As rosas e as ervas daninhas?

Somos submetidos ao engano o tempo inteiro, é nossa condição de vida, fazemos isso involuntariamente porque não conseguimos viver sozinhos.

Baseado em Afetos Reais

Seja com nossa família, amigos, professores, desconhecidos que encontramos em uma fila qualquer, animais e até mesmo as plantas, tudo isso é relação e elas podem dar certo ou podem dar muito errado, não temos a garantia de nada.

Somos moldados através disso. Muitas de nossas relações dão errado, a maioria eu diria, pelo menos é assim que elas são enxergadas de fora, quando estamos no processo da dor, mas na verdade o "errado" era a lição que precisávamos aprender para dar o próximo passo, ir para o próximo nível.

É como conseguir o cogumelo do *Mario Brós*, ganhar um tamanho maior e ir para a próxima fase.

O mau que nos causam hoje ou que causamos a alguém é o aprendizado de amanhã.

Nossa tendência clara é aprender tudo pelo caminho mais difícil, pela dor, mas como dizia Carlos Drummond de Andrade *"A dor é inevitável, o sofrimento é opcional"*.

Baseado em Afetos Reais

Nesse processo de rompimentos e fins pude entender melhor essa frase e algumas coisas que eu sempre seria submetida em minha vida, como a dor, por exemplo, ela fazia parte da minha e da nossa vivência, não tem como evitá-la.

Eu não precisava enxergá-la necessariamente como algo negativo, mas sim como uma aliada no processo de tomada de decisões que me fizessem querer sair da minha zona de conforto.

Aprendemos com isso, mesmo que não nos demos conta de primeira impressão. A dor nos molda, nos impulsiona e edifica. Meu maior exemplo disso na minha vida inteira foi minha irmã.

Ela era casada, mas aquilo era mais parecido com um cárcere privado. Ela sabia da necessidade de se livrar daquela relação onde vivia presa. Apesar da infelicidade era difícil sair, tomar uma decisão, se retirar, e não pelo status matrimonial, não pela certidão de casamento, não pelos dois filhos provenientes do casamento. O que a mantinha ali era o comodismo, a insegurança

Baseado em Afetos Reais

do que viria a seguir, o medo da mudança, a rotina incerta totalmente diferente e principalmente por conta do "E SE".

"E SE" eu tentar mais uma vez. "E SE" dessa vez der certo.

A ideia do "E SE" ronda nossos pensamentos, trazendo à tona com toda a força o medo de viver enfim uma vida feliz e completa se tivéssemos tentado mais uma vez, apenas mais uma vez.

Nem tudo o que sentimos é totalmente identificado. Por muitas das vezes temos sensações que não sabemos ao certo de onde vem e o que as causa, mas nossos sentimentos são mais sábios do que achamos que são eles agem á nosso favor quando precisamos mudar nosso trajeto.

Tolerar: vtd. Tolerar, ser indulgente, perdoar, ter paciência.

Baseado em Afetos Reais

Esse era o verbo que ela mais alimentava na esperança de que as coisas pudessem mudar.

Esse é o motivo pelo qual muitas pessoas permanecem em seus "cárceres privados", *ops*, quis dizer, "relacionamentos".

Essa permanência é destrutiva, sugadora de energia vital e sem essa energia o que somos?

Absolutamente nada, somos pó, nossa forma inicial de vida.

Ao se dar conta de todas as teias em que estava envolvida, um dia parou em frente ao espelho e se encarou por alguns minutos, não se reconheceu.

Aquele reflexo não era ela, não era o que ela tinha nascido para ser, não era o que meus pais haviam desejado para a vida dela e muito menos ela.

Por uma série de fatores infelizes ela se viu naquelas situações e se viu na obrigação de permanecer ali, como milhares de pessoas fazem.

Baseado em Afetos Reais

Ainda em frente ao espelho sentiu medo. Medo de não viver a vida que nasceu para viver, medo de não ser feliz, medo de se desconhecer mais ainda, medo de não ser livre.

Em toda sua força que sempre tivera e em respeito a si mesma e aos seus dois filhos, sentiu que o medo a impulsionou a tomar uma decisão rumo a sua liberdade.

Medo.

Medo.

Medo.

Era só o que ela sentia, mas foi em frente e rompeu todas àquelas teias que a aprisionavam.

O medo nos encoraja a voltarmos ao momento onde rompemos nosso laço mais importante: o laço da nossa essência, e em essência somos seres totalmente livres e desprendidos. Tudo o que ameaça nossa liberdade é extremamente prejudicial a nossa saúde emocional e mental.

Baseado em Afetos Reais

O caminho de volta é árduo e longo, mas vale cada passo que damos em direção a nos mesmos.

Sem arrependimentos por tudo o que foi vivido o medo impulsou para que Astromélia e eu fossemos embora. Era hora do próximo capítulo.

Mesmo com o fim batendo em nossa porta, mesmo apegados, mesmo machucados e não querendo aceitar o rumo que o destino toma, mesmo nos colocando na lama, não nos resta alternativa a não ser seguir em frente, sempre.

A vida é exigente quando se trata do movimento. Ela não para nem quando precisamos de um tempo para nos recuperar de uma perda, de um tombo ou do que quer que tenha nos paralisado.

Baseado em Afetos Reais

Baseado em Afetos Reais

CAPITULO II

"Em algum momento, você tem que parar de se preocupar com quem está decepcionando e perceber que, toda vez que vai contra o seu coração, está decepcionando a si mesma."

Baseado em Afetos Reais

Baseado em Afetos Reais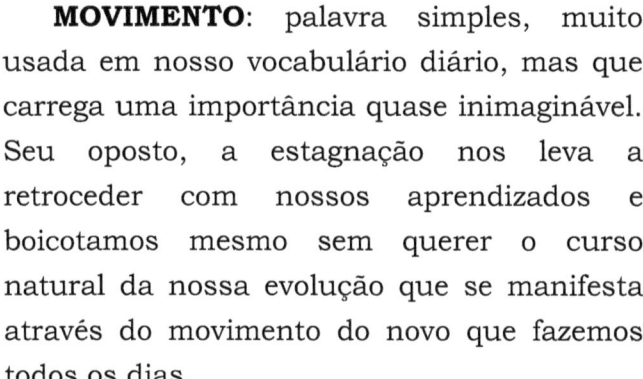

MOVIMENTO: palavra simples, muito usada em nosso vocabulário diário, mas que carrega uma importância quase inimaginável. Seu oposto, a estagnação nos leva a retroceder com nossos aprendizados e boicotamos mesmo sem querer o curso natural da nossa evolução que se manifesta através do movimento do novo que fazemos todos os dias.

Fui aprendendo isso com passar de todos os dias mais difíceis da minha vida. Mesmo quando eu estava parada, bastava um movimento simples para me lembrar de que a Terra está em constante movimento, cerca de 1700 km/h, segundo pesquisas.

Se a Terra que é onde habitamos está nesse constante movimento, com que direito achamos que nós meros mortais podemos ficar estagnados?

Tempo dado ao tempo, conheci vários afetos que foram facilmente confundidos com rosas, quando na verdade não passaram de ervas daninhas.

Tive afetos que mal se movimentavam e eu naquela agitação da vida ansiava por

Baseado em Afetos Reais

pessoas interessantes e estava cansada do tédio que era dividir meu tempo com pessoas mais ou menos, elas são extremamente chatas.

Outros afetos tiveram uma passagem como uma brisa fresca por mim, não durou muito tempo, mas o suficiente para que eu pudesse receber um pouco de ar puro.

Não os trouxe até aqui. Não porque não tiveram importância, mas porque as lições mais importantes que eu aprendi foram com meus relacionamentos específicos aqui relatados.

Dias se passaram, como uma roda gigante que nunca para, segui.

Minha vida, como em um passe de mágica havia mudado totalmente. Mais uma vez minhas escolhas erradas me levaram para um rumo totalmente diferente, tive que arcar severamente com os efeitos de todas as minhas péssimas decisões. Haja lugares para tomarmos com nossas más escolhas.

Baseado em Afetos Reais

O caminho tortuoso pelo qual eu andei por um tempo me gerava muitas preocupações, mas aprendi algo sobre elas.

Preocupações Tipo 1: Aquelas que pode ser feito algo a respeito.

Preocupações Tipo 2: Aquelas que não se pode fazer nada a respeito.

Não perca tempo com a tipo 2.

Me sentia mais leve encarando os fatos dessa maneira, classificando minhas preocupações.

De exatas fui direto para área de biológicas. Faz algum sentido? Nenhum.

Eu tinha um trabalho praticamente perfeito que me permitia gostar dos dias e da forma como eles passavam. Foi no ambiente profissional onde eu consegui amadurecer minhas principais questões pessoais e respeitar o espaço e a individualidade de outras pessoas.

Foi lá também onde aprendi uma das maiores lições da minha vida.

Baseado em Afetos Reais

Até mesmo nossas relações com colegas de trabalho podem ser extremamente tóxicas.

É muito difícil alguém dizer: "você é muito bom no que você faz".

As pessoas preferem ativar o modo "ego defensivo" e viver em uma eterna competição, o que é uma pena porque acabamos perdendo tanto tempo, tempo do qual poderíamos estar sendo mais felizes e leves com as pessoas ao nosso redor.

Nesse período de trabalho aprendi que a nossa maior imbecilidade é colocar nossa atenção nas palavras de quem não tem o mínimo de consideração por nós.

Levou-se tempo para que eu entendesse que só existem dois tipos de pessoas: as que se importam com você e as que só querem saber o que está acontecendo.

A maioria só quer realmente saber o que está acontecendo.

Cabe a nós identificá-las.

Baseado em Afetos Reais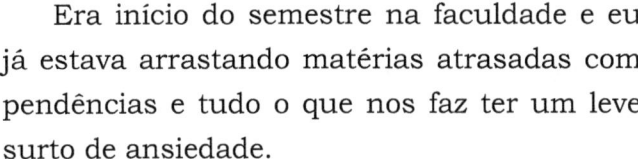

Era início do semestre na faculdade e eu já estava arrastando matérias atrasadas com pendências e tudo o que nos faz ter um leve surto de ansiedade.

Esses surtos me atingiam quando eu não tinha controle sobre minhas responsabilidades, ou seja, quase sempre.

Não me definiria como uma pessoa irresponsável, mas como uma pessoa atrasada em meus afazeres obrigatórios.

Tinha muita dificuldade em encarar os fatos e pensar dessa maneira fazia com que eu me sentisse um pouco menos inútil.

Baseado em Afetos Reais

ANSIEDADE: Ignorantes classificam como frescura e impaciência.

A realidade sobre ansiedade é que só vai entender quem passa a sentir na própria pele.

Insônia, falta de ar ou respiração ofegante, ataques de pânico, tremores, desconforto, preocupação, tensão, dores no peito e batimentos cardíacos acelerados, medo e por aí vai...

É uma lista infinita de sintomas que não são fáceis de serem sentidos, muito menos de serem controlados.

Deixo aqui uma dica valiosa para você que tem esses ataques: procure sempre estar consciente da sua respiração.

A respiração adequada tem o poder de reestabelecer o equilíbrio do nosso copo, fortalecer nossa musculatura cardíaca e diminui o stress sofrido. Nosso sistema nervoso se reestabelece naturalmente junto ao movimento de respiração. Ao mudar o foco dos nossos pensamentos minimizamos os efeitos da ansiedade.

Baseado em Afetos Reais

Quando sofremos uma crise nosso cérebro passa por mudanças, pode até superaquecer. Segurar um cubo de gelo no céu da boca é uma maneira de ajudar, já que é nessa região que possuímos uma grande quantidade de nervos que no contato com o gelo enviam uma mensagem ao cérebro fazendo com que os vasos sanguíneos reajam, contraindo-se. Rapidamente dá aquela sensação de cérebro congelado, aliviando os sintomas da crise.

Ainda bem que eu tinha a receita e em vários momentos me foi muito útil nesse processo de autodescoberta.

Eu procrastinava em todas as áreas da minha vida, mas nos estudos batia um recorde, eu gostava do que estudava, mas não me dedicava ao máximo, do quanto sabia que poderia fazer. Outro arrependimento que trago comigo até os dias de hoje, era não dar o melhor de mim e não absorver o máximo das oportunidades que me foram dadas.

Imagine uma abelha procurando pólen em um ramo de flores de plástico. Bom, era mais ou menos isso que estava acontecendo, eu

Baseado em Afetos Reais

vivia desperdiçando meu tempo como se ele fosse infinito, com coisas bobas das quais hoje eu olho pra traz e vejo o quanto eram irrelevantes.

Baseado em Afetos Reais

Dias corridos, vida corrida. Eu seguia a risca uma teoria que dizia que nosso cérebro leva cerca de 20 dias para se adaptar com uma nova rotina.

Segundo Machado de Assis em "Memórias Póstumas de Brás Cubas" esse prazo se reduzia há apenas seis dias para refazer um novo mundo particular.

Partindo dessa ideia eu tentava trazer para os meus dias novas maneiras de me distrair, perdia muito tempo nessa busca por coisas que suprissem um vazio que eu nem fazia ideia de onde vinha e porque estava dentro de mim. Nada era como aparentava ser.

.

Baseado em Afetos Reais

Alguns problemas surgindo no trabalho, família e faculdade, as coisas começaram a ficar meio bagunçadas, certos incômodos me rodeavam, mas eu não tinha vontade de sair da minha zona de conforto, não queria me esforçar para mudar a forma como me sentia;

Lição árdua da vez: acostumar-se com a dor do que te incomoda é como beber doses diárias de veneno e se matar aos poucos.

Por isso se alguma coisa te incomoda, resolva.

Precisava estar conectada de alguma forma a uma força maior, algo que pudesse me orientar na vida.

Sempre mantive uma ligação muito forte com a Natureza. Desde muito pequena, minha confiança nas matas era de grande proporção tanto é que era meu lugar favorito para me esconder do mundo.

Por um descuido na rotina acabei deixando as situações mundanas me desviarem do meu propósito de vida, eu nem sabia mais qual era.

Baseado em Afetos Reais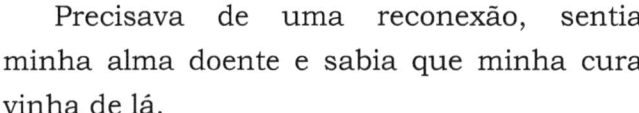

Precisava de uma reconexão, sentia minha alma doente e sabia que minha cura vinha de lá.

Não sei se Deus estava muito contente comigo, provavelmente não, afinal, era nítido a minha falta de esforço para que as coisas melhorassem pelo menos 1%.

Sentia como se minha vida fosse um carro desgovernado perdido por aí e meu GPS estava totalmente desconfigurado.

Em certo momento percebi que precisava me ligar àquelas forças invisíveis, aquelas que nos apoiam e nos sustentam nessa nossa jornada meio doida em que vivemos.

Vocês podem achar que a seguir eu vou dar um daqueles testemunhos da igreja e dizer que eu encontrei Jesus, mas não, não exatamente.

Quando nos dispomos a curar nossas feridas ganhamos um grande aliado: O Universo. Ele se rearranja e se move junto com os movimentos que partem de nós para que possamos chegar ao próximo degrau que queremos.

Baseado em Afetos Reais

Comecei, junto de amigos muito próximos, frequentar um templo, igual àquelas onde se vê símbolos e imaginamos Buda ou nosso anjo de guarda presente ao nosso lado o tempo inteiro, mas me soava um pouco diferente daquilo.

Talvez isso não se encaixe na sua mente, leitor, para facilitar ambas as partes, chame do que quiserem ou deem o nome do que vocês acreditam. Enfim, eu estava indo para o mesmo lugar aonde você vai para encontrar o Cara lá de Cima.

Eu sabia onde eu estava e por onde já tinha passado, naquele momento eu só precisava descobrir qual caminho tomar a partir dali.

Eu era extremamente grata pelos recomeços e adorava a ideia de ter liberdade para cometer os erros que eu quisesse, mas depois mesmo com tais consequências eu poderia recomeçar do meu modo.

As paredes eram brancas, as luzes brancas, flores brancas no altar, velas coloridas, muitas cadeiras e uma sensação estranha de "casa".

Baseado em Afetos Reais

Senti um pouco de medo ou talvez um pequeno estranhamento, tipo daqueles que sentimos quando somos crianças e vamos dormir pela primeira vez fora de casa. Eu estava bem longe da minha zona de conforto.

Não passei da porta no primeiro dia.

Era diferente de tudo o que eu já tinha conhecido. Tinha música, as pessoas cantavam a batiam palmas, no centro um circulo de pessoas vestidas de branco e parecia confortável ali, aquilo me tranquilizou um pouco.

Tinha um cheiro de ervas misturado com pastel. Eu adorava ervas e adorava pastel, mas separadamente.

Sentia-me bem, com o coração mais quente.

Minha aproximação com aquele lugar foi exatamente como o processo entre o Pequeno Príncipe e a Raposa, para cativar o príncipe a raposa disse a ele que dia pós dia ele precisaria sentar-se um pouco mais próximo dela, para que assim pudesse cativá-la.

Baseado em Afetos Reais

A cada dia eu deixava o medo de lado e me sentava um pouco mais perto, Da porta passei a ficar em pé mais próxima daquela corrente de pessoas, dias mais tarde, passei a me sentar, isso significava que eu estava confortável, e assim foi, de forma que a conexão entre mim e aquele lugar de paz ia se fortalecendo sem nenhum esforço, sem nenhuma exigência, era natural.

Permaneci ali, em silêncio, as sensações me invadiam, me paralisavam, justo naquele momento da minha vida em que tudo me convidava a ir com muita pressa eu estava devagar.

Eu poderia conhecer mais sobre tudo aquilo, eu queria isso, mas só se estivesse disposta abrir minha mente e despir minha alma de qualquer julgamento.

Os dias se passaram, para minha sorte seguiram de maneira mais leve.

Dessa forma, deixei que o rio seguisse seu percurso natural, de forma menos desacelerada comecei a apreciar novamente minha viagem, minhas paisagens, meus dias e minha rotina que eu poderia mudar a

Baseado em Afetos Reais

qualquer momento se quisesse, era tudo uma grande questão de querer.

E nessa lentidão em que eu estava acometida outro afeto chegou até mim, sem que eu esperasse que as coisas acontecessem dessa forma, elas simplesmente aconteceram.

Baseado em Afetos Reais

Girassol: Originária da América do Norte representa as boas vibrações, a luz, a transmutação de energia, alegria, calor e entusiasmo da vida.

Essas características eram exatamente como meu afeto.

Ela já estava na minha vida fazia muito tempo, antes de Astromélia, antes das descobertas, antes das confusões, já conhecia Girassol, mas nunca tínhamos compartilhado nada além de amizade e boas conversas.

Apesar do pouco convivo sentia como se já tivesse tido as mais profundas experiências com ela. Era uma conexão forte que eu não conseguia explicar com palavras.

Girassol e eu tivemos uma segunda chance de reaproximação, talvez essa segunda chance nos foi dada porque quando dividimos a vida pela primeira vez nenhuma de nós estava prepara para oferecer nada além de uma boa amizade.

Quando ela estava presente eu me sentia viva. Eu era capaz de entender o valor e o poder do "AGORA". Por obra maravilhosa do

Baseado em Afetos Reais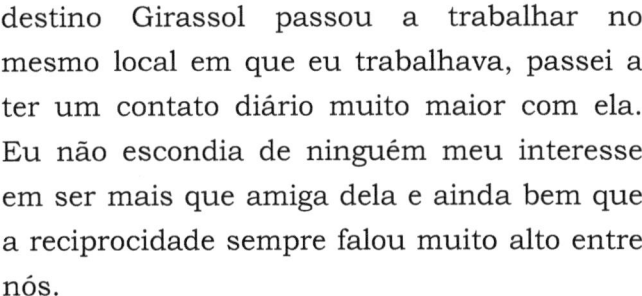

destino Girassol passou a trabalhar no mesmo local em que eu trabalhava, passei a ter um contato diário muito maior com ela. Eu não escondia de ninguém meu interesse em ser mais que amiga dela e ainda bem que a reciprocidade sempre falou muito alto entre nós.

Demorou para que levássemos nossa relação a um outro nível, queríamos ter certeza do solo que estávamos pisando antes de tomar qualquer decisão, mas apesar da falta de atitude, a vontade de ter algo a mais sempre esteve presente.

Apesar de sempre estarmos juntas em todos os lugares, bares e algumas festas, parecia que ainda não era a hora para haver qualquer coisa que fosse mais que amizade entre nós. Éramos desprovidas de pressa, e sem que esperássemos ou tivéssemos expectativas as coisas começaram a acontecer.

Éramos seguras o suficiente para nos amarmos e cientes das asas que precisavam voar livres. Nosso "NÃO" não precisava de

Baseado em Afetos Reais

justificativas e isso era libertador, tanto para mim quanto para ela.

Girassol tinha essa personificação, era liberdade em forma de gente e eu queria descobrir mais e mais a seu respeito.

Um dos maiores erros que cometemos enquanto ser humano é substituir pessoas achando que elas podem curar nosso coração da dor e bagunça que a pessoa que passou anteriormente nos causou. Eu cometi esse erro diversas vezes, mas dessa vez queria fazer diferente.

Deixei que o tempo levasse todo aquele histórico de bagunças que eu me metia todas as vezes que eu me relacionava com alguém, no meu trabalho, nas minhas relações em geral.

Eu precisava aprender uma lição árdua em minha caminhada.

Esse negócio de evoluir levava tempo, energia e às vezes quando não feito pelo amor é extremamente doloroso.

Mas era suportável e infalível no aprendizado e amadurecimento.

Baseado em Afetos Reais

Antes de receber uma visita em nossa casa precisamos deixar a casa limpa, certo?

– Certíssimo!

Feito essa limpeza, dei espaço para que Girassol adentrasse meus campos mais estreitos e impenetráveis, o espaço ali era todo dela.

É extremamente cansativo ser aquilo que não somos e a coisa mais extraordinária e reconfortante é estarmos cercados de pessoas que permitam sem exigências e julgamentos que nós sejamos aquilo que podemos ser independente de momentos bons ou ruins, quando não podemos ser muitas coisas, o que salva nossa alma é sermos acolhidos por pessoas que nos permitam ser só aquilo que podemos ser naquele momento, mesmo que seja muito pouco, puro defeito.

Alguém que está disposto a nos acolher da maneira mais fiel que somos, ou da maneira mais suja que estamos.

Minha experiência com Girassol foi exatamente dessa maneira.

Baseado em Afetos Reais

Descobri seu amor por mim, não pelas declarações que fazíamos em meio aos nossos momentos, mas sim quando eu não precisava dizer nada e bastava olhá-la nos olhos, sem precisar usar qualquer palavra que fosse.

Com olhares ela me deixava à vontade e livre para ser o que eu era. Não me fazia exigências, não tinha expectativas sobre mim, era acolhedora em todas as minhas qualidades e mais ainda quando eu era puro defeito. Queríamo-nos bem, desejava e presava pelo seu bem estar em todos os momentos, bom, se eu a queria bem até dormindo, imagina acordada né?!

Ela continuou ao meu lado em meus piores dias, nunca tivemos a obrigação de dar qualquer que fosse a satisfação sobre nada, mas fazíamos isso de forma espontânea porque nos importávamos.

Eu sempre saia melhor do abraço de Girassol.

Ela deixou minha vida mais quente e iluminada desde o dia que nos reaproximamos.

Baseado em Afetos Reais

Ela foi a medida certa para tudo.

E mesmo eu sendo toda cheia de erros ela continuou e continua lá por mim até nos dias de hoje.

Viajamos, nos conhecemos mais e mais em cada oportunidade que tínhamos de estar juntas.

Bebemos muito vinho, comemos muitas pizzas e dividimos a caminhada. Ela era meu ponto de luz.

Girassol foi meu afeto mais puro, mais ingênuo, mais doce, mais compreendido, mais livre, mais quente e mais feliz.

Não tínhamos nenhum tipo de definição, só éramos nós em nossos momentos.

Nossos cafés e vinhos baratos, nossas lembranças e poesias, compartilhamos um pedaço da vida que até então não tinha sido alcançado por nenhuma outra pessoa e com toda certeza não seria.

Nossos afetos são únicos em cada singularidade, nenhum relacionamento é igual ao outro, não existe essa possiblidade

Baseado em Afetos Reais

porque as pessoas não são iguais umas as outras, podem ter características semelhantes, mas existem as especificidades que doamos de nós e que recebemos, isso que torna cada ser absolutamente único a nosso ver, e, na visão do outro somos únicos também.

Aprendi isso da maneira mais bonita com Girassol.

Ela era única, assim como a rosa cativada do Pequeno Príncipe.

Saberia reconhecê-la em meio a uma plantação inteira com milhares de girassóis.

Foi um desafio e tanto, mas pude perceber que o Universo está sempre atento aos nossos aprendizados e ele é nosso aliado, age a nosso favor quando damos permissão para isso.

Ele traz situações e pessoas que vão minimizar nossas dores e labutas e vão tornar nossos aprendizados mais fáceis de serem absorvidos.

Girassol não chegou até mim por acaso, e eu sentia isso. Ela era a liberdade

Baseado em Afetos Reais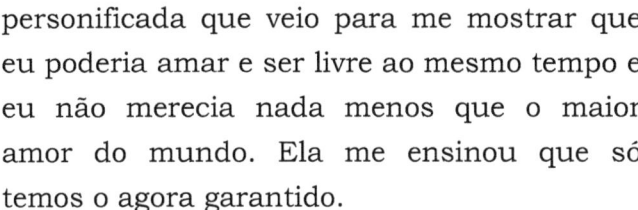

personificada que veio para me mostrar que eu poderia amar e ser livre ao mesmo tempo e eu não merecia nada menos que o maior amor do mundo. Ela me ensinou que só temos o agora garantido.

Ela me conduziu por um caminho florido, com músicas, poesias e sabores. Dispersou meus pensamentos ruins, despiu minha alma, me trouxe um espelho onde mostrava a melhor versão de mim mesma. Com toda calma ela me enxergou, veio devagar e sem pressa me entendeu, me leu e me ajudou.

Mesmo vivendo um mundo de emoções ao lado de Girassol.

Girassol me amou enquanto eu a amei e isso não significava que nos pertencíamos. Fazíamos coleção de momentos e memorias, elas ficaram armazenadas para sempre nos lembramos, principalmente quando fossemos embora uma da outra. Fomos um poema escrito por nos mesmas que escrevemos enquanto compartilhamos a vida, em cada capítulos nos amamos enquanto nos foi possível. Ainda bem que nossos caminhos se cruzaram.

Baseado em Afetos Reais

Em sua presença era infinito os significados de sentir.

Mas como nem tudo são sempre flores...

Chegaram dias difíceis, por eu ainda estar vivendo algumas dualidades e confusões dentro de mim, as vezes era esgotante para Girassol tentar me entender, eu percebia que surgiam dificuldades para ela lidar com a minha forma totalmente abstrata e indefinível de levar nosso relacionamento.

Sempre acreditei fielmente que as circunstâncias a que somos submetidos na vida acontecem exatamente da forma mais sábia que o Universo pode planejar, com as pessoas especificas que vão saber lidar com tais situações e com quem somos naquele momento.

Muitas vezes essas situações são pesadas para serem carregadas apenas por um par de ombros.

Tínhamos uma a outra para dividir o peso da indecisão e do que era instável, mas como aquele velho clichê sempre relata: nada, absolutamente nada é definitivo.

Baseado em Afetos Reais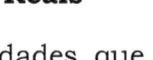

Os clichês são as maiores verdades que existem, não absolutas, mas quase certeiras.

Nada dura para sempre, tudo é relativo e ninguém é insubstituível.

Verdades doídas demais para serem aceitas de primeira, né?

Esse seria um bom título para meu próximo livro.

Pensem a respeito delas.

Girassol iria seguir seu caminho, para longe, seria muito egoísmo meu querer só para mim o que tantas outras pessoas precisavam.

Queria ser capaz de nutrir Girassol, ainda me sentia perdida em minhas decisões e apesar de parecer que eu sabia o que estava fazendo da minha vida, eu não conseguia acertar uma decisão sequer.

Quando parava para pensar na situação meu lado racional me dizia o quanto tudo aquilo era simples de resolver.

Baseado em Afetos Reais

Eu não fazia a mínima ideia de como resolver porque quem sempre me guiou foram minhas emoções.

Nunca me permiti encontrar o equilíbrio, isso dificultava as coisas para mim, mas eu era imatura demais para perceber isso.

Racionalizar minhas emoções seria uma boa ideia naquele momento, quem sabe se eu tentasse teria êxito em pelo menos uma de minhas escolhas.

Girassol de alguma forma sempre me trazia novos aprendizados e era tudo da maneira mais simples. Sabendo de sua partida automaticamente acabamos por nos afastar.

Sempre agradeci pelo fato de termos pés e não raízes.

Raízes no prendem e pés nos movem, Girassol e eu estaríamos juntas novamente, sentia isso, mas naquele momento era hora de irmos de nós. Afinal um barco com uma ancora no porto está seguro, mas não foi para isso que ele foi feito.

Baseado em Afetos Reais

Não sofri com sua ida, como dizia o poeta Carlos Drummond de Andrade:

"O certo seria não sofrermos por amor, apenas agradecer por ter conhecido uma pessoa tão bacana que gerou em nós um sentimento intenso e que nos fez companhia por um tempo razoável, um tempo feliz".

Isso fazia todo sentido, meu tempo com ela tinha sido realmente muito feliz, muito leve e ensolarado.

Eu a amava da maneira mais pura e desinteressada que eu nunca havia amado antes.

O Universo é imensurável, deixo aqui registrado minha eterna gratidão por ter dividido o mesmo tempo e espaço que Girassol, meu afeto mais singular.

Com uma flor em um vaso, um abraço e um beijo, nos despedimos, ela foi viver sua vida e eu fiquei para viver a minha, mas sabia que continuaríamos ligadas energeticamente e emocionalmente uma a outra.

Baseado em Afetos Reais

Certos laços que criamos em nossas vidas duram muito mais que apenas o tempo de envolvimento e convivência.

Baseado em Afetos Reais

Apesar de forjar minhas vontades, meu subconsciente em alguns momentos continuava trabalhando para trazer as memórias dos meus afetos passados.

A coisa que eu mais ouvi durante meus envolvimentos emocionais era: SUPERA.

Querem uma verdade nua e crua?

Não podemos superar nada e nem ninguém nessa vida.

Nada é superável.

O que você pode fazer é fingir para si mesmo e montar em seu subconsciente uma casinha escura de memórias amarrotadas, depositadas embaixo do tapete, lugar onde você nunca frequentará para não ter que lidar com os resíduos que seus amores deixaram em você.

Isso é doloroso demais, como se já não bastasse os traumas que trazemos desde a nossa infância.

Reafirmo, nada é superável.

Cheiros, gostos, olhares, sons, toques e costumes. Nada é superável.

Baseado em Afetos Reais

Aceitei os fatos.

Enfrentei alguns pesadelos e tentei ressignificar tudo o que foi e já não era mais.

Era o que eu estava tentando fazer naquele momento da minha vida com a partida de Girassol.

Tinha que me reajustar, com certa urgência.

Nosso DNA conta com essa condição, e ainda bem, somos seres extremamente adaptáveis a tudo, essa transição da qual somos feitos nos permite começar de novo a partir de um novo ponto.

Nesse percurso tudo já mudou. Nossa energia, nossos pensamentos, sentimentos, nossas células. Já passou, não somos mais que éramos quando perdemos algo ou alguém pelo caminho.

Sempre soube da grande importância que o movimento tinha em cada passo da vida, isso me reconfortava porque eu sabia que mesmo que quisesse parar ou mesmo que não soubesse por onde recomeçar, o Universo

Baseado em Afetos Reais

em seu perfeito fluxo me colocaria de volta ao lugar exato onde eu deveria estar.

Baseado em Afetos Reais

CAPÍTULO III

"Nem tudo que está em pedaços precisa ser consertado, às vezes só precisa ser amado. Seria uma pena se só as pessoas inteiras fossem merecedoras de amor."

Baseado em Afetos Reais

Baseado em Afetos Reais

Dias seguiram passando, o tempo não esperava eu me recuperar dos meus afetos que insistiam em partir fortalecendo minhas dores e me ensinando sobre os apegos indesejados.

Outra grande descoberta que eu havia feito nesse meio tempo: é praticamente impossível encontrar as mesmas pessoas duas vezes seguidas.

Nossa inconstância em permanecermos os mesmo é difícil de aceitar, mas é inevitável que seja dessa forma.

Nossa aparência física pode até ser que seja a mesma por anos, mas dentro de nós e ao nosso redor de forma que não podemos enxergar tudo muda, como eu já disse anteriormente.

Não podemos viver a data, as horas, os segundos de momentos que tivemos uma primeira vez, mesmo quando tentamos copiar para que tudo seja exatamente igual, até mesmo nossas células passam por renovações em determinados períodos. Isso é aceitável. O tempo só avança, nunca retorna.

Baseado em Afetos Reais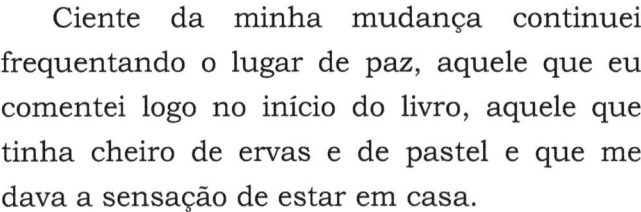

Ciente da minha mudança continuei frequentando o lugar de paz, aquele que eu comentei logo no início do livro, aquele que tinha cheiro de ervas e de pastel e que me dava a sensação de estar em casa.

Em um dia aleatório estava sentada, concentrada nas músicas que soavam tranquilamente parecendo invadir meus ouvidos e me impedindo de ouvir qualquer outra coisa.

Meus olhos vagavam pelo teto com o vicio terrível de contar as telhas, estava concentrada quando que por costume pararam em um lugar fixo.

Um moletom de frio da cor branca, um olhar misterioso e confuso, cabelos longos...

E assim me foi apesentado outro afeto...

Baseado em Afetos Reais

Lótus: originária do oriente, Lótus significa o mistério da vida, a energia, elegância e beleza.

Meus olhos buscavam por ela, ali naquele espaço pequeno, em questão de poucos minutos despertou em mim uma curiosidade grande de quem poderia ser.

Algo diferente aconteceu naquele dia, enquanto as horas da noite iam passando meus olhos caçavam por Lótus e em alguns momentos eu pude dar flagrante desviando seu olhar de mim. Não sei o que poderia significar.

Foi uma troca de olhares curiosos e misteriosos, daquele dia em diante fomos apresentadas uma à vida da outra.

Baseado em Afetos Reais

Sensações... O que são e para que servem? Mais uma vez.

Minhas respostas para essa pergunta sempre mudavam de acordo com o momento que eu vivia.

De alguma forma eu sentia como se já estivesse na vida dela há muito tempo e era como se aquele começo de alguma coisa não fosse realmente o inicio.

Querem saber de uma coisa?

A partir desse dia, não nos desgrudamos mais.

Conversamos por muito tempo, sobre exatamente tudo.

Ela me ouvia e eu a enxergava.

Abri as portas da minha vida pra ela e desejei que fosse muito bem vinda, ela fez o mesmo comigo, aquela reciprocidade era de grande importância.

Era doce.

Nossa relação naquele momento tinha gosto de bolo de aniversário.

Baseado em Afetos Reais

Lótus estava na minha vida naquele momento, era inegável que eu estava cada vez mais envolvida..

Escolhas: é um conjunto de decisões que tomamos para tentar encontrar nosso lugar no mundo.

Temos de fazê-las, quase que sempre durante nossa vida. Ninguém pode se tornar isento de escolhas, exceto aqueles que não possuem faculdades mentais para tomá-las, tendo por autorização alguém que faça isso por eles.

Existem também as escolhas alheias, precisamos tomar muito cuidado com elas. Muitas vezes somos responsabilizados, mas temos que ter sempre em mente que elas não são de nossa alçada. É perca de tempo e de energia levar as escolhas alheias para o lado pessoal, afinal cada um oferece o que tem dentro de si.

Lótus fez sua escolha, eu fiz a minha, mutualmente escolhemos dar uma chance a todos aqueles olhares.

Baseado em Afetos Reais

Ficamos mais próximas depois de um ou dois encontros. Eu podia entender que tudo o que se passava naquele momento me levava como um imã diretamente até lótus.

Dias tomaram sua rotina, sua forma. Seguia intacta a sensação quando se tratava de Lótus, eu continuava sem saber como explicar.

Era algo que estava além da minha capacidade de compreensão, confesso que até hoje, essas memórias reviram a minha mente, até hoje eu não compreendo esse envolvimento e toda essa confusão que nos cercava desde o primeiro contato.

Quase ninguém é amigo de ninguém, as pessoas agem conforme o interesse delas e por conta disso é tão fácil confundirmo-nos e nos deixar que sejamos manipulados pela falsa sensação de que as pessoas realmente se importam.

Com o passar dos anos, durante as experiências que eu vivi, entendi através da dor que a maioria das pessoas que nos cercam não são tão amigas quanto achamos

Baseado em Afetos Reais

que são. Basta uma simples avaliação sobre o comportamento delas, a maioria só é curiosa.

O homem por sua natureza é curioso. Desde s tempos mais remotos, a curiosidade foi o principal motivo pelo qual as principais descobertas aconteceram. Nesse ponto, claro que foi algo consideravelmente positivo, mas existe uma parte negativa.

É como uma batida de carro, ou uma tragédia em algum lugar. As pessoas se aglomeram ao redor não porque estão verdadeiramente preocupadas, mas sim porque estão curiosas. O ser humano por natureza tem sede por fofoca, por informações e notícias, ainda mais quando são trágicas, há certo prazer em repassar noticias ruins.

As pessoas são curiosas e um pouco maldosas, mais uma lição adicionada à lista de aprendizados.

Às vezes pequenos rumores e comentários não são bons, ainda mais quando estamos começando qualquer coisa em nossa vida.

Inícios são inseguros.

Baseado em Afetos Reais

Nosso começo foi inseguro, tanto por ela e o histórico de confusões e quanto por mim e meu histórico de bagunças e instabilidade. O que era hoje poderia não ser amanhã e isso causava muito desconforto porque apesar de dia pós dias escolhermos estar juntas, não sabíamos como as coisas realmente podiam acontecer devido a todos os fatores que nos cercavam.

Baseado em Afetos Reais

Baseado em Afetos Reais

CAPÍTULO IV

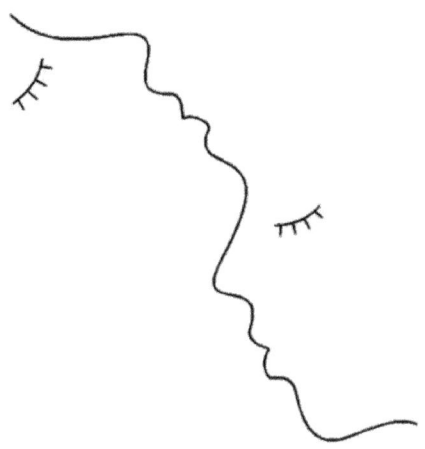

"Às vezes, o motivo do seu cansaço emocional é aquele laço que você não quer desfazer."

Baseado em Afetos Reais

Baseado em Afetos Reais

– Eu te amo!

Aconteceu, sem stress, saiu natural.

Como eu sabia que era amor? Não sabia! A única coisa daquele tinha certeza na relação com lótus era que tudo o que eu estava sentindo era novo, não havia experimentado em nenhum outro lugar da minha vida.

Fazia muito sentido para mim, ou talvez nenhum, era minha dualidade.

Não poderia jamais dizer por ela, sobre seus sentimentos. Não podia senti-los em seu lugar, mas o jeito que ela me olhava já contava tudo o que eu precisava saber.

Seguimos por um bom tempo nos conhecendo.

A cada dia éramos impostas a situações que nos testavam e nos permitiam conhecer partes diferentes uma da outra.

Conhecendo pessoas, conhecendo lugares, conhecendo os gostos, conhecendo manias.

Baseado em Afetos Reais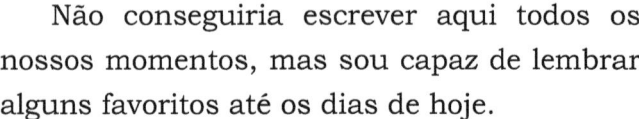

Não conseguiria escrever aqui todos os nossos momentos, mas sou capaz de lembrar alguns favoritos até os dias de hoje.

Conhecer o mundo dela era fantástico, mas ter ela no meu mundo era mais fantástico ainda.

Em um curto período de tempo vivemos o equivalente a anos. Foi um infinito de coisas legais das quais eu não me arrependeria nem se eu tivesse 90 anos de idade.

Partilhávamos de várias vontades em comum, de escolhas e vivencias, mas também tínhamos polos opostos.

É bom estar com alguém que não limita suas escolhas e ao contrário disso te dá mais opções ainda, esse sempre foi o nosso forte, ter opções e saber que poderíamos escolher o que quiséssemos a qualquer momento.

Baseado em Afetos Reais

Como em todo relacionamento, tínhamos nossos desentendimentos também. Essas são as partes em que se eu pudesse não faria sobre elas, mas seria hipócrita, e não teria sentido em pular os momentos da minha vida em que eu mais aprendi.

Não era tudo a mil maravilhas o tempo todo, na verdade, arrisco a dizer que entravamos em conflito com uma frequência bem grande.

A maioria das relações se baseia em uma mistura de amor e apego. Eu não diria que isso é um amor puro já que ele vem de um interesse que nos temos pela nossa própria felicidade, ele surge da nossa necessidade de nos agarrarmos a alguém esperando que esse ser humano preencha nossos vazios e dê sentido a coisas que antes pareciam inúteis.

Vivíamos em um mundo paralelo antes de nos conhecermos e trazer ela para o meu mundo às vezes parecia ser meio incômodo para ela, nosso apego na relação evitava certos conflitos, mas chegou um momento que fomos obrigas a encarar os fatos.

Baseado em Afetos Reais

Minha mãe e eu sempre tivemos muitos desentendimentos. Sempre perdi a razão nas discussões com muita facilidade.

Com meu pai, meu relacionamento sempre foi mais pacífico, ele me tratava com um pouco mais de liberdade..

Mas os dois juntos formavam uma dupla meio desequilibrada.

Era complicado ter voz em uma família onde se cresce ouvindo cresças limitadas e ditaduras do passado, muitas vezes essas crenças não se encaixam mais na realidade que vivemos atualmente, isso faz com que os conflitos surjam fazendo as pessoas baterem de frente o tempo inteiro.

Eu não poderia jamais culpá-los por qualquer que fosse o comportamento de ambos.

Nossa criação e os valores inseridos em nós, desde nossos ancestrais, são coisas que não podemos nos livrar de uma hora para outra, ainda mais quando nem se tem consciência do quão antigo é e em quantos

Baseado em Afetos Reais

passos lentos rumo à ignorância estamos caminhando.

Isso interferiu muito no meu desenvolvimento pessoal.

Não ter voz, não ter espaço pra me expressar, reprimir sentimentos e vontades acabou me sabotando porque eu preferi esconder quem eu realmente era e criei uma mascara para que pudesse me proteger.

A repressão me tornou alguém totalmente diferente de quem eu nasci para ser.

REPRESSÃO: é o ato de reprimir, conter, deter, impedir um objeto, uma ideia ou um desejo.

Somos os únicos seres capazes de reprimir nossas energias.

Reprimimos e transformamos de forma a nos adaptarmos com facilidade ao ambiente em que vivemos.

Lendo assim essa definição parece ser uma palavra inofensiva, mas essa palavra quando colocada em prática, tem um poder

Baseado em Afetos Reais

destruidor ao formarmos nossa identidade pessoal enquanto ainda crianças.

Repressão significa viver uma vida que você não nasceu para viver anulando quem você realmente é.

Isso pode parecer confuso, mas ao reprimirmos nossos sentimentos e desejos sofremos grandes e silenciosos traumas.

Esses traumas são extremamente dolorosos para nossa essência que acaba sendo deixada de lado para dar vazão a um fantoche de nós mesmo para que assim tenhamos a chance de nos encaixarmos no mundo.

Isso te parece justo? Para mim não.

Mas aconteceu comigo e sem que eu fosse capaz de perceber estava vivendo uma vida que não era para eu viver.

Comecei a gerar comportamentos rebeldes.

Aos 12 anos de idade fui identificada como a "ovelha negra da família", mas sempre tomei isso como um elogio.

Baseado em Afetos Reais

Significava que eu estava ali para tornar as coisas diferentes. Quebrar essas crenças ridículas e vergonhosas que tentavam se manifestar através dos ensinamentos que eu recebia enquanto ainda era um feto.

Não conseguia falar que eu não gostava de gêneros e sim de pessoas, era minha escolha.

Sempre tive medo da reação das pessoas, a repressão tinha inserido em mim um medo absurdo de não ser aceita e isso me acarretou alguns traumas que me impediram de ser cem por cento clara desde sempre com as pessoas e principalmente comigo mesma.

Errei demais tentando acertar e acho que muitas pessoas se encontram nessa mesma situação.

E eu era livre para ser quem eu queria ser, naquele momento estava amando uma mulher, qual seria o problema?

Para mim nenhum, mas e para uma pessoa que cresceu ouvindo que isso era errado?

Problemas a caminho...

Baseado em Afetos Reais

É injusto julgar os outros quando não se pode ajudá-los a pensar de uma maneira diferente.

Eu poderia simplesmente deixar essas crenças limitantes de lado e fingir que aquilo não estava acontecendo comigo, que problema isso teria? Eu já tinha mentido e omitido coisas antes, sabia como funcionava, até para mim mesma. Certo?

- ERRADO!

Quanto mais eu ia fundo no relacionamento, mais eu sentia vontade de gritar para todo mundo como eu realmente era.

Várias confusões começaram a acontecer entre mim e Lótus, tudo por uma questão simples: por que ela não tinha contato com a minha família.

Minha mãe ficou sabendo dela através de uma série de fatores inusitados que eu costumo chamar de "era para ser".

Quando paro para pensar nisso, enxergo que não havia maneira melhor das coisas acontecerem.

Baseado em Afetos Reais

Tudo, exatamente tudo em nossas vidas acontece da forma que elas têm que acontecer. Não estamos no controle de absolutamente nada, mesmo quando acreditamos nisso, é improvável que possamos controlar alguma coisa. A história abaixo vai mostrar como eu tenho razão.

Um dia qualquer, sem que eu esperasse, minha mãe me chamou para conversar.

Aquele gelo que nos remete quando alguém diz: *"precisamos conversar"* me invadiu.

Criei coragem, já não era uma criança, fui a seu encontro e para minha surpresa minha mãe se desculpou por todos aqueles anos.

Como julgar uma realidade que foi de minha mãe durante uma vida inteira e que eu não tinha vivido?

Eu não era capaz de compreender, mas era incapaz de julgar naquele momento.

Claro que isso não justifica o preconceito que existe por aí. Isso não justifica o ódio gratuito, as agressões e ofensas, nada disso é justificável, mas isso, de certa forma, nos

Baseado em Afetos Reais

torna mais fortes e capazes de entender que nós, os chamados "diferentes" que somos totalmente iguais a qualquer ser existente nesse planeta, não somos o problema.

O problema está em quem alimenta o ódio e o preconceito consciente e não tenta partir para uma realidade mais aberta e tolerável.

O problema está com quem descarrega ódio nas palavras por qualquer outro que tenha uma escolha diferente daqueles que julgam.

O problema está com quem não tem respeito, com quem não tem tolerância, cuidado nas palavras e empatia.

Não sei até hoje o que pensar de verdade sobre todas essas coisas, mas essa situação me ajudou a enxergar quem eu era e quem eu não queria mais ser, eu não precisava me esconder, me reprimir, muito menos fingir-me de surda e de muda.

Lótus e sua mãe foram essenciais no meu processo de autoconhecimento e aceitação.

Baseado em Afetos Reais

Elas foram uma ferramenta essencial para que conseguisse dar passos em direção a mim mesma.

Lótus, nunca entendeu essa série de fatores que me impediam de dizer tudo para todos.

Esses assuntos foram motivos de brigas incansáveis. Eu era capaz de compreender sua inconformidade até certo ponto.

Nossas explicações só fazem sentido quando damos a alguém que esteja interessado em nos compreender.

Baseado em Afetos Reais

Outro fator que sempre nos trouxe muita confusão dentro do relacionamento foi ciúmes.

De onde ele vem?

Segundo Osho, o ciúme advém do sentimento de posse que criamos para com as pessoas que nos relacionamos.

É uma armadilha, que costuma se aproveitar de feridas de inadequação, de uma falta de confiança que a pessoa tem em si própria. É dessa forma que ele faz a festa e distorce sua visão, impedindo que veja com clareza o que está acontecendo.

Tínhamos vários desentendimentos por ciúmes.

Às vezes eu olho para traz em algumas situações e sempre enxergo nossos erros e como poderiam ter sido diferentes, mas isso só aconteceu muito tempo depois de ter saído da nuvem que criamos na relação.

Nossa relação, desde o inicio teve uma dose de apego muito grande, o amor por si só nunca gera problemas, mas quando vira um relacionamento ele é manchado, e essa

Baseado em Afetos Reais

mancha traz complicações para qualquer momento em que estejamos vivendo, nossa relação era condicionada reagindo sempre a maneira como os outros nos tratavam, como tratávamos uma a outra e isso nos tornou fracas e instáveis, respondemos a bondade uma da outra com extrema ingratidão e isso ocorreu com muita frequência.

Não havia confiança suficiente para que estivéssemos seguras uma sem a outra em qualquer lugar e isso foi se tornando sufocante.

Criamos uma espécie de muro onde não saiamos e não permitimos que as pessoas chegassem. Adoecemos nossa relação, nos tornamos posse uma da outra e começamos a inconscientemente destruir nossa boa convivência no dia a dia.

Era totalmente o oposto do meu relacionamento com Girassol, onde exalávamos liberdade e confiança.

Não foi ela, não fui eu.

Fomos nós.

Baseado em Afetos Reais

Não existia culpados, acabamos caindo nesse ciclo vicioso doloroso e dependente. Relacionamentos abusivos acontecem com mais frequências do que imaginamos.

O apego e o carinho que nos sentíamos fez querer tentar mudar diversas vezes.

O universo trabalha sempre a nosso favor, nos dando a oportunidade de sermos diferentes em nossas atitudes e também nos testando nas diversas situações para ver se aprendemos aquela determinada lição.

Ele nos deu uma ocasião para agirmos diferentes.

Baseado em Afetos Reais

Nos demos um tempo.

O tempo dela pertencia a ela e o meu tempo pertencia a mim.

Um dia parecia muito para nós, mas era exatamente o que precisávamos. Espaço e ar puro.

Aquele pouco tempo nos fez sentir como se as coisas estivessem começando a ficar melhor entre nós. Aquele espaço parecia ser um guia do caminho que tomaríamos de volta dentro da nossa relação. Bom, pelo menos foi isso o que pareceu.

No dia seguinte, algo me dizia que as coisas não estavam tão bem quanto eram para estar.

Eu queria que a minha intuição estivesse falhando, que pelo menos uma vez as paranoias errassem, que as vozes da minha cabeça estivessem equivocadas e todos os sopros de pensamentos ruins que estavam circulando pela minha cabeça fossem apenas mais um dos meus colapsos mentais. Mais um dos surtos de insegurança, mas não. Daquela vez e de todas as outras era verdade,

Baseado em Afetos Reais

era um aviso. A intuição, as paranoias, nada era exagero. Acho que no fundo todas as pessoas são assim, temos o péssimo hábito de sempre esperarmos o melhor, criamos nossas malditas expectativas e nos afundamos nelas.

São destrutivas.

Sempre esperamos que as pessoas sejam claras com a gente sobre o querem e sentem, mas se às vezes nem nós mesmos conseguimos fazer isso, como esperar isso do outro o tempo todo?

Lótus tinha estado com outra pessoa.

Essa pode ser só mais um história de alguém que foi traído, mas foi mais que isso, digo isso porque eu senti.

Foi um espaço que resultou em uma vontade que estava reprimida. Às vezes só queremos espaços para fazer coisas que geralmente não faríamos, não na frente daqueles que mantemos nossos laços. Esses espaços trazem à tona nossa sujeira e não importa a maneira que isso seja feito. Não importa se existe alguém que pode sair

Baseado em Afetos Reais

machucado, nada importa, a não ser alimentar o nosso ego cheio de repressões.

Nossas atitudes dizem muito sobre quem somos, sobre o nosso caráter, sobre o que carregamos dentro de nós e sobre o quanto somos comprometidos com a nossa verdade.

Foi preciso um espaço curto de tempo para que sem pensar duas vezes Lótus 'enfiasse os dois pés na jaca' e rompesse com a fidelidade dentro do nosso compromisso.

**Essas memorias me fazem lembrar o quanto na época aquilo me pareceu ser o fim do mundo, mas hoje praticamente dois anos depois são apenas memórias.

Baseado em Afetos Reais

Algo havia se quebrado ali.

Quando as coisas se quebram, não é o ato de quebrar em si que impede que elas se refaçam. É porque um pedacinho se perde, as duas bordas que restam não se encaixam, mesmo que queiram. A forma inteira mudou.

Baseado em Afetos Reais

Nossa conexão com a natureza se dá de uma maneira muito mais forte do que podemos imaginar.

Somos regidos pelos elementos principais.

Certa vez ganhei um papel qualquer na rua que falava sobre os elementos da natureza e onde eles atuavam em nós, sabia que um dia ele me seria útil:

Dizem que somos a soma dos quatro elementos.

Elemento Fogo rege a região da nossa Cabeça. Quando em desequilíbrio sentimos a mente agitada, desânimo, atitudes impulsivas e agressivas.

Elemento Ar rege a região do nosso Pulmão e Coração. Quando em desequilíbrio sentimos falta de ar, ansiedade, tristeza, mágoas, apegos e insensibilidade.

Elemento Água rege a região da nossa barriga. Em desequilíbrio sentimos raiva, medo, insegurança, pânico, vitimíssimo, baixa estima e intolerância.

Baseado em Afetos Reais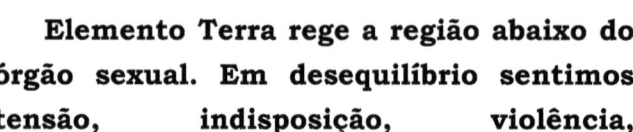

Elemento Terra rege a região abaixo do órgão sexual. Em desequilíbrio sentimos tensão, indisposição, violência, autossabotag em.

Por que sempre insistimos em tomar as piores decisões na hora da dor? Machucados, acabamos por oferecer o que temos dentro de nós no momento, e geralmente coisa boa não é.

É simples, somos limitados a isso.

Sentia dores emocionais consideráveis. Pareciam físicas.

As expectativas nos fodem!

Não machucamos alguém que amamos dessa maneira, pelo menos não por querer.

Eu tinha que respeitar minha dor, respeitar meu espaço e compreender que nossos sentimentos pesam de jeitos diferentes dentro de cada um e aquela era minha maneira.

Não ia haver uma cura para o que eu estava sentindo se eu não a sentisse até que se esgotasse.

Baseado em Afetos Reais

Tive uma longa conversa com minha consciência.

Baseado em Afetos Reais

Baseado em Afetos Reais

CAPÍTULO V

Re.

Reame.

Recomece.

Relembre.

Remexa.

Renasça.

Recupere.

Retorne. Renove.

Retente.

Reconstrua.

Remarque.

Rebeije.

Reapaixone.

Retribua.

Ressoe.

Reviva.

Baseado em Afetos Reais

Baseado em Afetos Reais

Esse diálogo me fez entender que nem sempre estamos nas melhores posições parar tomarmos as melhores decisões e que estava tudo bem.

Eu não tinha que ser dura comigo mesma porque aquela situação não dizia respeito a mim.

Os questionamentos, as dúvidas, eram tantas coisas e eu nem sabia o que era real. Acho que a traição em si faz isso com as pessoas.

A raiva passa, a dor passa, a mágoa passa. A gente chega até a desejar que aquela pessoa seja feliz. É assim, bola para frente, mas a traição em si, a gente não supera.

Lembram-se que não superamos nada e nem ninguém? Não tem a ver com as pessoas, mas sim com o fato.

Quando se é traído, nasce em nós um verdadeiro trauma, uma sequela. Não se trata da memória daquela situação, não se trata de voltar um milhão de vezes à cena do crime e tentar superar, se trata de uma espécie de desconfiança eterna que passa a nos rondar.

Baseado em Afetos Reais

É mais ou menos como passar mal com uma determinada comida e depois não conseguir comer aquilo outra vez ou como cair de uma escada e ter um insistente receio toda vez que descemos por ela.

Naquela noite consegui dormir já era tarde da madrugada. Não queria comentar, não queria falar, não queria sentir. Estava rejeitando tudo o que deveria sentir naturalmente e com uma vergonha, como se aquilo fosse realmente culpa minha.

Meu mau humor e face depressiva não escondiam que tinha algo errado.

Questionavam-me se estava tudo bem e sem hesitar respondia que sim, estava tudo certo.

Não existe pior maneira de perder do que fingir que não está perdendo...

Pesquisas recentes não comprovadas indicam que pessoas adultas falam que estão bem aproximadamente 15 vezes por semana. Apenas três vezes dizem a verdade, em média. Fazemos isso para nos fazermos de forte, mas não percebemos que seriamos mais fortes

Baseado em Afetos Reais

ainda se admitíssemos que algumas coisas não estão tão certas.

Fingir qualquer coisa que seja, eventualmente, dá errado e quando isso acontece só nos resta torcer para que sejamos capazes de reparar o dano que já causamos a nós mesmos e eu não estava em posição e nem tinha condições de reparar dano algum.

Não se pode varrer o chão enquanto ainda está ventando. É inútil e meu vendaval estava forte.

O que eu deveria fazer a partir daquele momento? Não sabia...

Talvez devesse terminar definitivamente nosso relacionamento ou talvez devesse seguir adiante e perdoá-la. Não pelos erros dela, mas por todas as vezes que ela acertou comigo.

Por que nós seres humanos temos o péssimo habito de fortificar o que é negativo?

Precisava ressignificar tudo aquilo. Atribuir um novo significado, um novo sentido, mas como faria isso se eu não

Baseado em Afetos Reais

conseguia ver nada de bom a um palmo do meu nariz?

Provavelmente seria a coisas mais difícil que já havia feito.

Ressignificar a amplitude de quem somos, dos nossos relacionamentos e das nossas experiências e eu nem sabia se era capaz de fazer isso.

Tinha que sair do modo egoísta —EU— e pensar fora de mim, mas para o meu crescimento.

Precisava dar um novo sentido a tudo o que já tinha sido e não era mais. Já dizia Lavoisier: "*Na Natureza nada se perde, tudo se transforma*".

Precisava ressignificar aquela traição e tudo o que já tinha dado errado entre nós. Esse era meu momento...

Antoine de Saint-Exupéry que me perdoe, mas minhas experiências me fizeram discordar de ti.

Ser eternamente responsável por alguém é muita coisa, é cansativo.

Baseado em Afetos Reais

Sem julgamentos por àqueles que me conhecem e sabem de minha afeição pelo Pequeno Príncipe e o quanto sempre defendi que somos sim eternamente responsáveis por aquilo que cativamos, mas mantendo certo pensamento sobre meus aprendizados, ao modo de que as pessoas continuem em nossa estrada radiando e partilhando do amor para conosco, somos responsáveis pelas marcas que deixamos nelas, do contrário não há motivos para continuar sendo responsável por alguém nos causou um dano irreparável, que foi embora e não tem a menor intenção de voltar.

Aos maduros é um aprendizado e tanto.

Sem desgaste atoa de energia para manter quem por inúmeras razões insiste em partir de nós.

O que nos resta com tudo isso?

Aceitar que todo começo tem um fim e tudo o que vem vai embora. Nascemos para morrer, não tem erro. Começou tem que terminar.

Baseado em Afetos Reais

Já disse e repito, não somos algo fixo, somos transição, não tem como esperar que nossas relações sejam para sempre.

No final de cada dia podemos ver quem realmente fica, quem permanece, quem vive todas as dores e alegrias, quem sente a felicidade e quem se esforça na conquista, somos nós mesmos.

Sou eu quem enfrenta os meus piores dias, é você que enfrenta os seus.

Sua única companhia fiel e duradoura é você, mais ninguém.

A partir disso entendi tantas coisas...

Já não poderia me anular por outras pessoas e nem as culpar pelas minhas decepções.

Quem quer que fosse, eu era mais importante.

Eu era minha eterna companhia, meu eterno relacionamento, não poderia mais me sabotar para caber em um mundo que não fosse o meu.

Baseado em Afetos Reais

Isso não se trata de egoísmo e sim de amor e respeito com o meu relacionamento mais duradouro da vida.

Baseado em Afetos Reais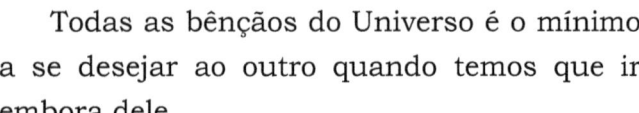

Todas as bênçãos do Universo é o mínimo a se desejar ao outro quando temos que ir embora dele.

É sempre um caos transitar, se envolver, criar um registro energético e afetivo e depois desfazê-lo, muitos não têm essa coragem, mas é necessário ir quando as coisas deixam de fazer sentido.

É necessário ter maturidade para reconhecer que nem tudo cabe a nós, nem tudo serve para nós e coragem para aceitar que já deu por aqui, é hora de ir.

Somos grandes demais para lugares de menos.

Como é libertador entender que não somos obrigados a nada nessa vida.

Como é libertador entender que não precisamos estar perto de quem nos faz mal, não precisamos tolerar o desconforto, não precisamos sentir coisas que nos deixam aprisionados aos nossos defeitos e falhas.

Como a vida ensina...

Baseado em Afetos Reais

Foi um longo período reaprendendo todas as coisas que em algum momento da minha vida eu havia esquecido.

Absorvi o aprendizado e ressignifiquei aquele afeto dolorido e todos os outros que já vivenciei durante toda minha vida.

São infinitos os significados de ressignificar.

É como uma cicatriz no seu processo de cura, às vezes coça e nos vemos querendo cutucar porque aquilo incomoda muito. É assim que acontece com nossas superações, tudo o que incomoda é para uma mudança e geralmente as mudanças são para o nosso benefício.

Por diversas vezes eu quis voltar ao passado, sabia das experiências desastrosas que eu havia vivido lá e mesmo ciente disso não conseguia seguir em frente totalmente, algo sempre me remetia ao que já tinha ido.

Agora refletindo sobre essas situações consigo ser mais clara comigo mesma e entender que, muitas vezes nossa dificuldade em desapegar advém de todas as ilusões e

Baseado em Afetos Reais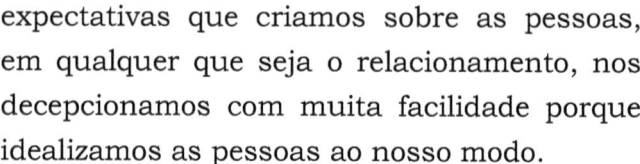

expectativas que criamos sobre as pessoas, em qualquer que seja o relacionamento, nos decepcionamos com muita facilidade porque idealizamos as pessoas ao nosso modo.

Queremos que elas supram as nossas maiores faltas e isso é uma das coisas mais injustas porque o outro é o outro, não pode se modificar e vestir amarras que nós colocamos nele só para nos agradar.

Martirizamo-nos não pelo que foi, mas pelo que esperávamos que pudesse ter sido.

Sofremos não pelo que o outro era dentro da relação, mas sim por quem queríamos que ele tivesse sido.

É assim, as ilusões nos enganam o tempo todo, mas elas são um conforto para nós, por isso nos apegamos a elas fortemente.

Meu processo para compreensão de tudo o que eu precisava até aqui foi lento, foi doloroso e por escolha minha.

Sempre tem um caminho mais fácil, mas eu era tão acostumada a sentir tudo até o a última gota que não fazia questão de pensar

Baseado em Afetos Reais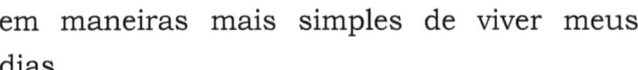

em maneiras mais simples de viver meus dias.

Meus afetos foram certeiros em cada lição que a vida queria me dar até o momento.

Hoje pensando em como tudo aconteceu, não consigo sentir um fio de arrependimento por nada.

Minhas até então consideradas "decisões erradas" me trouxeram aqui, nesse exato momento, nesse livro.

Elas são nossa aliada em algo muito maior que precisamos vivenciar. Somos incapazes de entender.

Nossos afetos reais nos direcionam para onde precisamos estar. Não me refiro apenas aos românticos, mas também, aos nossos amigos, nossos irmãos, nossos pais.

Deixo em destaque o quanto além de todos os meus afetos, aquele lugar de paz, com as paredes brancas e cheiro de ervas foi essencial no processo de autodescoberta, aceitação e libertação.

Baseado em Afetos Reais

Tudo é encaminhado de alguma forma. Alguém em algum lugar está mexendo os pauzinhos para que tenhamos a melhor experiência de vida possível.

Nesse momento me encontro em um ônibus, atravessando a fronteira entre o Brasil e o Peru com um caderno na mão onde relato meus aprendizados.

Ao meu lado, um banco vazio e do outro lado uma senhora sentada com várias malas apoiando os pés, cansados com rachaduras e uma garrafinha de água nas mãos.

Ouvi-a dizendo que está indo de volta para sua cidade natal, perto do Vale Sagrado um povoado em *Águas Calientes*.

O motivo de sua volta era para velar um de seus filhos que faleceu em um acidente de moto. É de partir o coração.

Ela está nesse ônibus comigo faz 22 horas e eu aprendi uma coisa muito importante com ela nesse pouco tempo: o amanhã não nos é prometido.

Baseado em Afetos Reais

Vamos ser machucados, vamos ser ofendidos e vamos fazer os outros se sentirem dessa forma também.

É uma via mão dupla que não dá para controlar o que vai chegar até nós, mas esses sentimentos precisam e devem ser passageiros.

Alimentar o negativo em nós é como tomar uma dose de veneno diária, isso nos enfraquece e nos faz perder um tempo valioso.

A vida é curta, é rápida, não tem como desacelerar e a tendência enquanto vamos envelhecendo é passar mais rápido ainda, então por hoje eu tinha que viver todas as minhas emoções, minhas dores, angústias, lágrimas e, principalmente, minhas felicidades.

Confiar que o fluxo da vida é perfeito, existe uma noite no meio dos dias justamente para nos curar de tudo o que deu errado no dia de hoje.

Não dá para saber quando e onde será o fim da nossa linha ou daqueles que amamos,

Baseado em Afetos Reais

não tem como prever quando vamos ficar sem tempo, essa sim é uma verdade absoluta.

Com essa senhora eu também pude entender como era desperdício de tempo e energia alimentar as dores dos nossos afetos, alimentar a raiva das coisas que deram errado, a mágoa pela falha dos nossos amigos, o rancor pelas faltas de nossos pais.

O amanhã está aí, mas não de forma garantida, teremos mais uma chance se tivermos sorte e se ele estiver lá para que possamos recomeçar de uma maneira mais saudável e bonita.

O dinheiro, as roupas, casas e carros não são nada. Não se equiparam ao valor que a vida tem.

Deus em sua bondade infinita, o amor, a família e os verdadeiros amigos, são riquezas que podemos levar onde quer que seja o lugar da nossa existência, aqui no plano físico ou em qualquer outro.

Pude rever meus conceitos, meus valores e minhas prioridades e ver o quanto nossa consciência é limitada.

Baseado em Afetos Reais

Eu estava longe de casa e depois de aprender e entender essas coisas eu só queria voltar.

Voltar para o meu trabalho, voltar para minha família, meus amigos, meus lugares de fé, só queria voltar para onde meu coração pertencia.

Foi tudo pela dor, nada pelo amor, mas se não fosse dessa forma talvez eu não tivesse aprendido as coisas que hoje eu sei.

São tantas coisas que só fazem sentido agora.

Eu precisei ir para o fundo do poço para me conhecer novamente.

Precisei de conselhos, precisei de abraços, precisei de um bom porre, precisei não pensar em nada, eu precisei fugir para no fim das contas parar aqui, olhando para dentro de mim. Eu sempre fui meu próprio lar.

O amor evolui.

Nós evoluímos...

Baseado em Afetos Reais

As pessoas passam por nós e deixam o que precisa ser deixado e nós precisamos ser maduros para absorver o que serve e o que não servir, tem que ser descartado para não nos transformar em um depósito de lixo alheio.

É um tumulto atrás do outro quando nos perdemos de nós mesmos, mas quando nos encontramos...

Ah! É extraordinário.

Esse é o momento mais esperado pelo o Universo.

Você sente o quanto sempre se pertenceu, apesar de achar que seu lugar era nos corações alheios.

Aqui eu me despeço dessa história, desses afetos, dessas mágoas e julgamentos.

Aqui eu me retiro de todas as relações em que fui omissa.

Aqui eu assumo minha verdadeira identidade, ser quem eu sou me basta.

Baseado em Afetos Reais

Minhas experiências me trouxeram a capacidade de viver meus dias de maneira mais gentil, mais humana e generosa.

Todos têm acesso ao amor, não dos outros, mas o nosso, por nós.

Assim como tive pessoas que me ajudaram a chegar até aqui, sugiro uma espécie de corrente onde me coloco à sua disposição se você precisar de ajuda para superar seus traumas.

Sozinhos não somos absolutamente nada.

Escreva-me, me conte sua história.

Quando pensar que a jornada terminou, lembre-se, é só o começo.

Baseado em Afetos Reais